산길

산길

이정미 시집

그루

시인의 말

시 작품 활동을 거의 손 놓고 지냈는지라
3집을 내는 데 오랜 시간이 걸렸다.
가르멜 회보에 실린 시를 모으고
써 놓은 시와 1집에서 아끼는 시 몇 편을 골라서
시집 발간을 하게 되었다.
문학적인 평가에서 보면 미흡하겠지만
가르멜 수도회 영성 안에서
주님을 따르며 만나게 된
은총과 고뇌의 흔적을 허물 말고
공감해 준다면 말로 다 할 수 없는 기쁨이겠다.
세계가 코로나19라는 뜻밖의 복병을 만나
출구가 아득한 터널을 지나고 있는 때,
구원을 향한 아주 작은 몸짓 하나 보태며,
세상에 내놓는 부끄러움을 달래 본다.
하루빨리 어두운 터널을 벗어나
평범한 일상에 감사하며 살아가기를
간절한 마음으로 두 손 모은다.
졸작에 한결같이 응원을 보내 주신 분들과
중년에서 노년으로 들어서는 삼십여 년을
기도의 산길에서 함께한 재속 맨발 가르멜회
회원들과 감사를 나누고 싶다.

2021년 3월

차례

시인의 말　05

제1부

기도의 길	12
성탄	14
풀꽃	15
이기주의ㅋㅋ	16
나그네에게는	18
혼돈의 시대	20
묻고 싶다	21
회개	22
순수를 잃었다	24
떠나가는 봄	26
복사꽃 피는 사연	28
님께서는 아십니다	30
이렇게 산다면	32
반갑다, 제비!	34
사랑한다는 말	36

제2부

주님 말씀에 역행하는…	38
임의 사랑이다	40
파견	42
다시 마주한 아침	44
큰 그림	45
왜 쉽게 판단하는가	46
먼저 무릎 꿇고	48
잡초의 노래	50
산길	52
실종 신고	53
님에게 접목 되어	54
순례의 길	56
자화상 2	58
이사하는 나에게 집이 말했네	59
이끄심과 응답의 여정	60

제 3 부

산 앞에서	64
길 위에서	66
계곡	68
잊어서는 안 되리	70
꽃들의 함성	72
천 년 고목이 웃었네	74
꽃으로 풀렸네	76
나목의 사랑	77
구원의 십자가	78
님의 초상	80
목마름을 안고	82
가르멜 산길을 오르며	84
꽃이 찾아올 때	86
목련	88

제 **4** 부

고목	90
죽음이란 친구	91
봄눈	92
집	94
새 하늘, 새 땅	96
좁은 길	98
교신	99
눈빛 깊어지는…	100
기도가 되는 것을…	102
무장 해제	104
이전과 이후의 세상	106
님의 뜻을 찾아서	108
겨울이 가면 봄이 오듯이	110

제**1**부

기도의 길

주님께만 온 마음 드리리라
혼자서 단꿈을 꾸었는데
나도 모르는 사이
세상의 우상들이
하나 둘 마음을 차지했네
놀라서 쫓아냈는데
어느새 다시 들어와 있네

쫓아내면 들어와 앉고
수없는 갈지자걸음
"저는 인간이니까요" 하며

그렇게 터덜터덜 걸어가다가
같은 인간이었으나
예수님 붙잡고 승리하신
성녀 예수의 데레사를 만났네

성녀께서 비추는 불빛 따라
희망의 줄 놓지 않고
기도의 길

걷고 또 걷다 보면
바르게 걷는 날 온다는
온 마음 주님께 드리는 날 온다는
생생하게 들려주는 말씀

성탄
— 예수 성탄을 기다리며

이천 년 전 하느님의 아드님이
천상에서 지상으로 내려왔건만
마구간밖에 누울 곳이 없었다지요

지금은 온 세상이 축제 분위기에
휘황찬란한 불을 밝혔지만
온통 죄와 공해로 오염되어
죄 없는 아기 받아 뉘일자리
찾기 어렵다지요

그러니 아기 예수님!
준비하고 기다린
저희들 마음 안에 자리하셔요
나름대로 잡초 뽑고 먼지 쓸어내고
조촐하게 맞이할 자리 마련했어요

편히 오시어
저희들 마음 온통 차지하도록
무럭무럭 자라셔야지요
또 다른 예수로 만들어
세상에 파견하셔야지요

풀꽃

낮추고 낮추어야 보이는 꽃
내가 바닥에 납작 엎드려야
만날 수 있는 꽃

풀꽃이란 이름으로
세상의 구석으로 밀려난
그대를 하찮게 여겼는데

그대는 작고 보잘것없는 몸에
높은 안테나를 달고
나보다 더
하늘과 소통하고 있었다

엎드림이 추락이라 생각했다면
그대가 미소한 형제 중의 하나인
병든 이며 목마른 이며 갇힌 이고
주님임을
하마터면 놓칠 뻔했는데

그대에게 가려고
산 하나를
소리 없이 무너트렸다, 나는

이기주의ㅋㅋ

너만 생각하라고
너만 잘되라고
있는 것 다 퍼 주며
가르친 부모

남 위하는 일에 손해 볼까 봐
가시울타리 쳐 주며
너만 잘살라며
귀에 넣어 준 주문

훗날 부모도 나 몰라라 해
내가 쳐 준 가시울타리에
내가 찔려 피 흘릴 줄이야

그 모습 안타까운 H신부님
자식에게 주지 말고
자신만 생각하며 편히 살라며
부모 귀에 주문 넣는다

이기주의 범람한 강에 빠져
함께 허우적거릴 날이
오고 있다

나그네에게는

님에게
이끌려서 가는 길은
얼마나 행복한 발걸음인가
나그네에게는

거대한 물살을 헤치며
모천을 향해 가는 긴 항해
내 사랑하는 님
마주 보러 가는 길은
얼마나 행복한 노래인가

세상살이
막막한 어둠 앞에서도
목 놓아 울고 싶어질 때도
돌아갈 집이 있다는 것은
얼마나 벅찬 희망인가

나그네살이 길 끝
내 영혼 마침내 하늘에 오르면
꿈에 그리던 사랑이

기다리고 있으리니

님에게 눈먼 사랑
오직 주님에게만 눈먼 사랑
갚음이 기다리고 있으리니

혼돈의 시대

같은 생각을 하고 살기가
어려운 일이다
늘 만나도 낯설다
모르는 언어로 나누는 대화
서로 알아듣지 못한다

벽이다
혈이 통하지 않으니
마비가 왔다
어지럽다

가면 속의 얼굴은 고적하지만
웃는 얼굴은 최소한의 예절

벽을 마주하고
같이 살아야 하는 아픔을
그 상한 데를 쓰다듬으며
받쳐 주는 한 손길 있어
혼돈의 시대를 견디게 한다

묻고 싶다

먼 나라 어디에선가
폭탄 투하되는 전쟁터
죽은 자와 산 자가 뒤엉켜
울부짖는 소리 들려오고

지구촌 한편에서는
바다가 모든 삶을 휩쓸어 가고
땅이 흔들리며 뒤집어지고 있을 때

내 나라,
우리가 손잡고 살고 있는 이곳에서는
마른하늘에 날벼락
순식간에 일어난 참사 소식
가슴을 찢고 정신을 흔들어 대는데

무심한 산천은 계절 따라
왜 이리 절절하게 아름다운지
묻고 싶다

회개

우리 주님이
주리고, 목마르고, 헐벗고
병들고, 감옥에 갇히고
나그네 되어 떠도는데도
끼리끼리 모여 잘 먹고 잘 놉니다

가끔 먹고 남은 부스러기
주는 것으로 할 일 다 했다며
마음 편히 지내는
무신경이 무섭습니다

영성을 안다는 지도자들이
저마다 한마디씩 하는
말의 성찬은
열매 맺지 못한 채 허공을 헤매고
세상 것에 묶여 비대해진 날개로
하늘을 날지 못하는 사이

우리 주님이
생각지도 않은 때

들이닥치는 날에
우리는 어찌 되는 것입니까
어찌 되는 것입니까

순수를 잃었다

사람 사이에서 사람을 찾고 있어요
소외받는 이들이 절규한다
외로움에 뼈가 시려요
저를 구해 주세요 소리 지르지만
사람들은 저마다 섬이 되어
물길에 갇혀 있다

어느 누구도
그들에게 건너갈 조각배
마련할 기색 없는데
아예 그런 이들 존재 자체를
모르는 것일까

옛 세대에는
이것저것 따질 새 없이
무조건 손 내밀고 보았는데
이 세대에는 순수를 잃었다

스스로 목숨 끊는 사람
세계 1위에도 부끄러움 없이

여기저기에서 계산기 두드리는
소리, 소리

떠나가는 봄

창밖에 꽃비가 내린다
그처럼 고왔던 꽃의 마지막이
꽃비가 되어
세월의 강으로 떠나가는데

우리들이 피워낸 일생도
끝내는 저 꽃처럼
먼지 되어 흩어질지라도

우리가 피워낸 꽃이,
피우면서 겪어낸 고초가
한없이 장하고 측은하다며
서로의 등을 다독여 준다면
살아가는 매일이 기쁜 날 되리

사랑의 이름으로
피어난 꽃은
가슴으로 이어져
영원히지지 않을 것이므로

우리는 슬픔보다는 기쁨으로
서로 손잡고 가벼운 마음으로
이 봄을 떠나보내리

복사꽃 피는 사연

복사꽃이 피었다는 소식에
꽃 보러 갔다가
산과 들에 연분홍 물감이 풀려서
나도 그만 물들고 말았네

복사꽃 빛깔이 아련해서
어질어질 취하고 말았네

한 해에 한 번
복사꽃이 흐드러지게 피는
사연을 아는가

연분홍 꽃잎이 살랑거리며
손짓할 때
꽁꽁 숨겨졌던 얼굴 하나
꿈속처럼 걸어 나오는
사연을 아는가

꽃도 지고
걸어 나왔던 사람도 사라지면

또다시 봄을 기다리는
사연을 아는가

님께서는 아십니다

오늘일지 내일일지
바람처럼 떠나갈
허무한 세상을 붙들기보다
하늘나라를 붙든 이들을

이 땅에서 머리 둘 곳조차 없이
가난하게 사셨지만
누구보다 부요한 분이셨고
진정한 자유인이셨던
님께서는 아십니다

하늘나라에는
지상의 제일 호화로운 집보다
비교할 수 없는
넓고 아름다운 집이
이들을 위해 마련되어 있다는 것을
님께서는 아십니다

오늘 목숨이 떠나갈 줄 모르고
어려운 이웃에게는 인색하여

하늘나라에는 빈 곳간인 체
자신을 위해서는
큰 곳간에 재물을 채워 둔 이들을
님께서는 셈하십니다

지금 바보라고 평가되어도
하늘나라는
하느님 나라를 붙든 이들
그들의 것입니다

이렇게 산다면

"하느님 품 안에서 살다가
하느님 품 안으로 돌아가
영원히 살리라"
이렇게 가슴에 새겨 놓고 산다면

님의 크신 사랑과 자비가
영혼 안에 그득 차 오르며
세상을 함께 살아가는 이들을
사랑으로 얼싸안을 것이다

두 마음을 품었다가도
한 마음은 내려놓을 것이다

그 품 안에 아이처럼 안기어
근심 걱정이 사라질 것이다

다 같은 품 안으로 돌아가기에
죽음이 두렵지 않을 것이다

무엇이든 님의 뜻 안에서

감사하게 받게 될 것이다

언제, 어디서, 무엇을 하든
님 안에서
기쁘고 행복할 것이다

예수의 데레사 성녀처럼
님을 소유한 사람은
모든 것을 소유한 것이니
님만으로 만족하게 될 것이다

반갑다, 제비!

길조라고 전해지는 제비 한 쌍이
성당의 품에 찾아들었다는 소식에
호기심이 만든 내 움직임이
그들의 안전에 위협이 될까 봐
설레었지만 무심하기로 했다

인가의 처마 밑에 집을 짓는 제비는
집에 찾아드는 손님은 내치지 않는다는
사람의 심성을 믿었기 때문이리라

어둡고 삭막한 도시에서 제비 한 쌍은
새끼 품을 둥지 마련할 곳을 찾아
오래 머리를 맞댔으리라

빛을 품은 사람들이 모이는 곳
그 사랑의 빛에 이끌려 온 이곳
이곳이라면 어떤 생명이라도
귀하게 여겨 주리라는
믿음이 생겼으리라

선물처럼
우리들의 품으로 날아든 제비가
새끼를 잘 키워내는 소임을 마치고
나그네처럼 떠나고 나면
집 나갔던 탕자도
아버지의 품으로 돌아오리라
희망의 언덕에 서서
우리는 탕자가 오기를 기다리리라

사랑한다는 말
— 사랑을 쉽게 시작하는 남녀에게

한 남자와 한 여자가 만나
사랑한다는 말은
아껴야 하는 말
쉽게 말하는 것 아니야

사랑은 따스하고 황홀하다고
말하는 너
아직 사랑을 모르는 거야

사랑은 아프고 또 아프고
눈물나게 애절하고
목숨까지 주고 싶어지는
그래서 너
사랑한다는 말 쉽게 올리지 마

사랑한다는 말은
마음속 깊은 곳에 숨겨 두어도
서로가 알게 되는
그런 말이야
그런 말이야

제**2**부

주님 말씀에 역행하는…

더불어 살아가야 하는 동네에서
많이 소유한 이들이
가진 것 중에 조금만 나누어도
많은 이들이
행복할 수 있는 일을 안 합니다

거저 받았으니 거저 주어라 하신 말씀
처음부터 자신의 것이 아니고
하느님께서 맡겨 주신
관리자란 생각이 없습니다

이웃과 함께 어울려 살면서
내가 아니라도
잘 먹고 잘 지내는 이들을
우선적으로 챙기며 삽니다

주님께서는 가난하고 고통받고
소외된 이들부터 돌보라 하셨습니다
내가 나서서 돌보지 않으면 안 되는
어려운 이웃부터 챙기라 하셨습니다

말씀에 역행하며
살아가는 이들이 많을수록
세상은 이기적으로 돌아가며
세상을 어지럽힙니다
나는 주님 말씀을 실행하며 사는지
역행하며 사는지
성찰해 봅니다

님의 사랑이다

나만을 위해
욕심을 좇아 움켜쥔 것
"먼지일 뿐이다"는 것을
세상을 떠나면서 알게 되었다며
신호를 보냈지만
남아 있는 이들은 못 깨우친다

오직 세상 것만 붙들고
뭔가 이루겠다며 뛰어다니는 동안
평화는 깨진다

모든 것, 생명까지도
님의 입김 하나에
날아가 버릴 수 있는데

못 가져서 비참한 것이 아니고
많이 가졌어도
어디를 향해 가야 하는지
무엇을 붙들고 살아야 하는지
모르는 것이 비참한 것이다

가면을 벗어 던지게 하는 분
우리의 민낯을 아는
유일한 분과
늘 은밀한 눈빛 주고받는다면
작은 점 같은 존재가
우주를 품게 된다

님을 따르며 겪게 되는
모든 시련은
영원히 함께할 나라로
잘 데리고 가기 위한
님의 사랑이다

파견

불빛 하나 들려서
지상으로 파견하실 때
자유의지 주시며
부디 살아 돌아오라 하셨네

세상은 온통 지뢰밭
아슬아슬한 마귀와의 싸움터

세례만으로는 부족해
안전장치가 더 필요한 사람들
가르멜의 울타리 안으로 불러 모아
영혼 안에 깊은 길 내주셨네

세상 안에서 지워진 짐 지고
가르멜의 산길 올라가는 시간은
나날이 아득한 몸부림
이쪽저쪽 어느 곳에서든
이방인일 때 많았는데

연륜 쌓이는 동안

세속 생활과 영성 생활 통합하여
가르멜의 공동체 안에서
배운 사랑
교회 공동체와
나아가 지구 공동체 안에서
꽃피운다면

파견하신 님 뜻 이루고
무사히 귀환하겠네

다시 마주한 아침

이 아침은
일생에 처음 맞는 아침이라는데
나의 죄와 실수가 남긴 흔적,
너의 죄와 실수가 남긴 흔적이
발목을 잡는다

이 아침, 너와 나의
지난 모든 잘못은 잊고
새롭게 시작하자며
자비의 주님께 맡기고 나니
홀가분하다

날아갈 듯한 자유
어린이의 마음으로 돌아가
받아 든 백지에
님의 뜻에 맞갖은
그림을 그릴 수 있겠네

큰 그림

님은 나를 위해서
붓을 드셨습니다
제 일생을 통해서
큰 그림을 그립니다
오늘 일상을 통해서도 붓질을 합니다

나는 수시로 회심의 춤을 춥니다
옆으로 한 걸음, 앞으로 두 걸음
뒤로 반 회전 스텝을 밟습니다
쥐고 있던 손을 펴고
하늘나라를 향해 방향을 바꿉니다

나는 소소한 것에 매여
큰 그림을 못 보기에
더러는 십자가를 이해하지 못하지만
우연을 통해서 일어나는 일에
섭리를 느낍니다

왜 쉽게 판단하는가

나도 나 자신을 다 모르는데
하물며 남을 어찌 알겠는가

수없는 죄와 허물
눈감아 주시고, 기다려 주시며
내 영혼 귀하게 여겨 주시는
님의 무한한 사랑을 받으면서

남들과 님 사이에서
내밀하게 이루어지는 숱한 사연
밖으로 보이는 것이
다가 아닌데도
왜 쉽게 판단하는가

어둠이 지배하고 있을 때
한줄기 님의 빛이
영혼 안으로 들어왔습니다
은총을 맛보았습니다
참으로 감사한 일입니다

혹여 남이 오류와 악의 세력에
갇혀 있을지라도
아직 빛이 들어오지 않은 영혼이기에
판단할 대상이 아닌
기도해 주어야 할 대상

그들을 품어 줄 님 닮은 이들이
많은 세상을 꿈꾸어 봅니다

먼저 무릎 꿇고

자라는 어린아이만
열 번 되는 것이 아니고
우리도 주님 안에서 수시로 깨치고
무릎 깨지며 회심하는 만큼
변화하며 자라지 않는가

이 강산에
아름다운 가을이 왔는데
회색빛 하늘 아래
속수무책으로 내던져 있다

군중들은 이쪽저쪽으로
패가 갈려 소리 질러대는데
감히 말하고 싶다

먼저 무릎 꿇고 내남없이
자신 안에 있는 이기심과 욕심부터
살피고 내려놓고
촛불이든 깃발이든 높이 들어야
하늘이 감동하여

측은지심이라도 생기지 않을까

성경 안에 우리에게 원하는
그 깊은 속내가 다 있거늘
우리는 미아처럼 어디를 헤매는가

잡초의 노래

온몸에 찬사를 한껏 받고 있는
꽃 옆에서
이름 불러 주는이 없어도
잡초는 생명력의 자부심으로
어머니인 흙을 끌어안고
행복하게 노래 부르고 있었는데

어느 날 총알 날아와 박혔다
아팠지만 견디어 내었다
이번에는 포탄 날아와 터졌다
반경이 초토화
죽은 듯 쓰러져 있었다

이겨내야 한다고
매 순간 올린 기도
행진곡 부르며
앞으로 앞으로, 씩씩하게!

잡초는 아픈 세월 견디고
드디어 승리의 노래를 불렀다

파릇파릇 살아났다

어떤 시련 앞에서도
모든 은총의 중재자이신
어머니의 품을 떠나지 않는다면
영혼은 쉽게 무너지지 않는다는
구원의 메시지

산길

산의 넓은 가슴 안으로
걸어 들어가면
솔바람 소리
그곳에서만 들리는
내밀한 소리 있어
그 소리
나를 어루만지고
영혼 말갛게 씻어 준다

혼자이면서
혼자인 것을 잊게 해
벗이 그립지 않은 산길에서
산으로 채워져
그 가슴에 나를 맡긴 채
한없이 걸어 들어간다

한없이 걸어 들어가면
거기 님이 있다
주님을 만나러 가는 길은
산길을 닮았다

실종 신고
— 토마스 하늘나라로 떠나기 전

수많은 사연이 오고 간
병실 안
기고만장 떡 벌어진 가슴
잘생긴 얼굴은 어디 가고
삭정이같이 누워 있는
병상의 저 남자

자신에게도 펄펄 뛰어다니던
한창때 있었던 것
아는지 모르는지
천장 바라보고 있는
병상의 저 남자

아무래도 내 남자 아닌 것 같아요
실종 신고하러 가야겠어요

님에게 접목 되어
— 주님과 일치를 꿈꾸는 이들을 위한 축시

다시 맞이하는 아침
지우개로 지울 건 지우고
새 마음으로

가정 안에
이웃 안에
모든 공동체 안에
매 순간 님을 초대한다면
모든 사이가
님의 사랑에 접목 되어

이기적인 마음의 안개가
마법처럼 걷히고
이타적인 사랑의 새잎이
돋아나는 기적

그 맹목의 사랑에 접목 되면
죽은 꽃도 살려 내어
피어나는 웃음꽃

영원으로 향하는 길에서
그 크신 사랑을 위해
높은 산도 뛰어넘는 헌신

오늘 흙으로 돌아간다 해도
자랑스러운 목숨
하늘이 열리리라

순례의 길

이 생의 순례자들이
말씀의 지팡이 하나에 의지하여
흘러가는 구름, 지나가는 바람에
허허로이 몸 맡긴 채
그렇게 자유롭게
한 생 가는 줄을,

울타리 친 내 것은 없어도
끝 모르는 바다, 넓은 산야를
내 것으로 누리는 풍요를,

끝없이 채우고 싶어 허기진 이들
탐욕의 성에 갇혀
눈앞의 세상만이 전부라고 믿는
붙박이들은 모르리

세상의 눈에 초라한 행색일지라도
눈빛만은 깊어진 이들이
순례의 길에서 어려운 이웃 만나면
부축하여 함께 가는 나눔을,

내려야 하는 날이
다가오고 있는 줄 모른 채
성능 좋은 차로 씽씽 달리며
느리게 가는 순례자들을
내려다보는 이들은 모르리

가야 할 길을 모르는 게 애달파
함께 길 떠나기를 기도하는
순수한 사랑을 그들이 알면 좋겠네

자화상 2

한 여자가 길을 가고 있다
자신이 쓴 글 안에
제 마음을 세상에 풀어헤친 일에
얼굴 두껍다는 생각을 하며
그림을 그리고 있다

무심한 듯
그러나 아주 무심하지 않은
바보 같은
그러나 아주 바보는 아닌
숨은 그림이다
난해한 그림이다

어차피 흑백의 논리로
가를 수 없어 난감한데
나를 알아 가는 일이 멀기만 하다
나를 어디에 가서 찾아야 하나

이사하는 나에게 집이 말했네

그대가 펄펄 뛰어다니던 시절, 내 몸에 둥지 틀고 기대어 산 수십 년, 한 몸인 듯 같이 뒹굴었었네. 수많은 사연 엮어 가며 웃고 우는 동안 세 아이들 제 갈 길 찾아가고 가장의 기둥도 무너져 내려 홀로 남아서도 그대는 어떻게든 나와 함께 살아 보려고 했었지. 하지만 그대도 늙어 가고 나도 늙어 가며 눈빛만 깊어졌지 힘에 부친 것을 알고 있었네. 오랜 시간 고락을 함께하며 써 내려온 역사책만 챙겨서 그대, 미련 없이 떠나세요. 새 주인이 성형시키고 젊게 꾸며 준다니까 다시 힘내서 살아 볼게요. 그대와 그대 가족을 영원히 잊지 않을게요. 그대도 어디서든 행복하세요. 잘 가세요.

이끄심과 응답의 여정

믿는 이들의 일생이란
약속의 땅으로 가는 길에서
끊임없이 부르시는
님의 음성을 알아듣고
그 이끄심에 응답하는 여정이리

헛된 것에 마음 빼앗기는 동안에는
님의 목소리를 듣지 못해
길을 벗어나 헤맬 것이기에
늘 깨어 기도하라 하셨으리

정신 기도와 성체조배 시간에
미사 전례 안에서
사랑 가득한 님의 눈길과
깊게 만난다면

나만을 위한 맞춤형의 길
십자가를 통해 이끄시는 길
그 길을 기쁨으로 가리

나약해서 허방에 빠지고
투덜투덜 걸어가기도 하지만
님께 주파수를 맞추는 일을
멈추지 않는다면

언제 어디서 무엇을 하든
님과 함께하는 현존 안에서
이 세상에서부터 천국을 살아가는
여정 되리

제 **3** 부

산 앞에서

하늘이 저만큼 높은 날
열어 놓은 창으로
산이 쏟아져 들어온다

그대는 생각해 보는가
낯익은 거리
정든 사람들 사이에서
어느 날
홀로 떠나가는 사람의 일을

느린 가락
잦은 가락
한바탕 어우러진 춤마당
잡은 손 덧없이 놓아 버리고
서둘러 길 떠나야 하는
사람의 일을

오늘도
불빛 하나 둘 밝혀지듯
그렇게 새 생명들은 찾아오고

불 꺼지듯 떠나는 일로
세상은 분주한데

산은 말없이 다가와
뜬구름 같은 사람을 품어 준다

길 위에서

길 위에서 자꾸 저울질합니다
버려야 할 것은 무엇이고
지녀야 할 것은 무엇인지

이제까지 시시한 것들을
너무 담고 있어
그리 무거웠나 봅니다

님 따라나선 길에서
훈육의 가시는 늘 따라다녔습니다
아무리 그 가시가 힘들어도
저희를 구하시기 위해
사랑의 제물로
십자가에 바쳐지신 주님께

저와 저의 가족에게
세상적으로 좋은 일만 있게 해 주세요
감히 이런 기도를 할 수 있겠는지요

구원을 위해 어찌 살아야 하는지

고뇌하지 않는 사람들의 소원인
자손 대대로 잘 누리며 산다 해도
하느님 나라에 들어가지 못한다면
무슨 소용인지

내 가족에게부터 전하고
땅끝까지 알려야 하는 소명에
충실해야 하지 않겠는지요

계곡

시작은 어디였나
모여 모여 와 줄기 이루어
더 큰 뜻 향해
푸르른 산도 버리고
아집도 버리고
아래로 아래로
흐르는 물

온몸 던져 부서지며
바위에게 선물로 주고 가는
불꽃놀이 같은 파열음

스쳐 간 산
그 하늘
뒤돌아 보여도
다시 거슬러 갈 수 없는 세월

가진 것 다 드러낸
투명한 모습 바라보면
전신으로 피돌기 하여

씻겨 내려가는
세속의 쌓인 먼지

잊어서는 안 되리

내가 이렇게 온전한 몸으로
온전한 정신으로 살고 있는 것은
어디선가
온전하지 못한 몸으로
온전하지 못한 정신으로
대신 보속하고 있는 이들이 있음을,

우리가 오늘 신앙의 자유를
누리며 사는 것은
선조들이 신앙을 지키기 위해
목숨을 바쳤음을
잊어서는 안 되리

봉쇄 안에서, 세상 한가운데서
이기심을 버리고 이타적인 사랑으로
누군가가
드리는 기도와 희생이
병풍처럼 에워싸고
선한 기운을 키워 가야만

전쟁과 테러 등
악의 세력에 억눌려
신음하는 지구촌을
구할 수 있다는 것을
잊어서는 안 되리

평화로운 세상을 위해
자신을 버리고
이웃 사랑을 키워 가는
누군가가
나와 그대들이 되어야 하는 것을
잊어서는 안 되리

꽃들의 함성

꽃들이 피어나며 노래하는
환희의 소리와 함께
봄은 오는가

까닭 없이 주위가 밝아지고
환해지는 느낌이 심상치 않더니
환희의 무리가 구름처럼
무더기 무더기로 몰려와
제 심장을 터트린다

마른 가슴 어디에
빛깔 고운 노래는
숨어 있었나

시린 바람 잘도 견딘
꽃들의 함성에
둥둥, 발이 땅에 닿지 않도록
마음은 들뜨고

삶의 무게를 잊게 하는
꽃들의 환호 소리
봄의 기쁜 노랫소리

천 년 고목이 웃었네

깊은 산중을 흔들며
매서운 바람이
온몸을 후려쳐도
하늘만 올려다보았더니
큰 키가 되었고

볼 꼴 못 볼 꼴
말없이 품었더니
넓은 가슴 되었노라
고목이 나에게 말했네

산문 앞
바람처럼 오가는 사람들
인연 따라 바뀌어도
사연은 다
거기서 거기인데

길어야 백 년을
살다 가는 사람이
세월을 안다고

우주 만물의 조화를 깨쳤다고
만고풍상 겪어냈다며
어깨에 힘 들어간 모양에
천 년 고목이 웃었네

꽃으로 풀렸네

무심히 걸어가는 길에서
화들짝 놀라 바라본 꽃
순간, 저 꽃같이 즐길
얼굴 나타났으나
부질없다 하며 지웠네

저 꽃과 속내 나누려면
홀로 만나야 하리
나는 그대를 알아요
눈으로 꽃을 쓰다듬는다
나도 그대를 알지, 꽃이 답한다
뛸 듯이 기쁘다

어둠의 세계를 이기고
빛으로 부활하신 주님이
온 천지에 꽃으로 풀려
팍팍한 세상살이에 지친 이들에게
위로의 말씀을 건네시니
님이 주시는 평화가
믿는 이들에게 찾아왔네

나목의 사랑

처음부터
벗은 몸은 아니었다

하나씩 하나씩
내어 주다가
빈손 털 때까지
벗어 주다가
빈 마음
빈 몸이 되었다

겨울의 칼바람이
심장을 꿰뚫어도
아프다 소리치지 않고
의연히 서 있음은

벗은 몸도
부끄럽지 않음은
나의 사랑
알아주는 이 있기 때문이리

구원의 십자가

현대판 우상 숭배가 만연한 세상에서
그저 그렇게 살다가 그렇게 가겠거니
세상 건너가는 이유도 모른 채
살아가는 무리에서
구원으로 가는 길을 알았습니다

님께서는
"네가 짊어진 십자가의 무게가
나의 땅에 다리 놓아
구원의 길로 데려다 준다"
말씀하십니다

낙원에는 들고 싶으나
제 몫의 십자가는
내려놓고 싶어 할 때마다
고작 서른세 해를 살고
네 구원을 위해 십자가 위에서 피 흘리며
생명을 내놓은 일을 생각하라 하십니다

천둥벌거숭이
훈육의 매를 들어 다듬으시는
님 뒤에는 후광처럼
아픈 손가락 품어 안으신
가르멜 산 어머니의 눈물이 있습니다
사랑의 그림입니다

님의 초상
— 성직자, 수도자, 봉사자들을 위한 헌시

늘푸른나무 한 그루
하늘 향해 서 있네

고뇌의 들판 달려와
잎새들 팔랑이는 바람
청정한 미소로 잠재우는가

나누다 나누다
더 줄 것이 없는 빈 가슴
환한 햇살로 채우는가

땅 위 것에 발이 묶인
새떼들의 지저귐
먼 산 보며 흘리는가

새순으로 돋아나는
풍요로운 내면
은밀히 흐르는 수맥처럼
감추는가

달빛이 눈부셔 손 시린 밤
천상의 향기 찾아
나그네 되어 떠나는가

늘푸른나무 한 그루
무성한 가지 드리우고
하늘 향해 서 있네

목마름을 안고

한두 명이나 여럿이 모인 자리에서
듣고 말하면서도
님의 부재가 느껴질 때
때때로 그 자리를 떠나

저 높은 곳이나 내 안으로
님을 만나러 간다
목마름을 안고, 은밀히

신문의 앞면
지진으로 뒤틀린 땅에서
신음하며 지르는 비명
뒷면에는 어느 곳에서인가
땅값의 고공행진으로
배 불린 투기꾼들이 춤을 춘다

곳곳에서 님의 부재를 느끼게 하는
불공평 안에서
욥의 심정이 되어
님의 뜻을 찾기 위해

더듬이를 출동시킨다

잠시 머물다 가는 세상
어김없이 해가 뜨고
어김없이 해가 지는 것이
희망의 표지인가

가르멜 산길을 오르며

삼십여 년 전
가르멜 산길 오르겠다며
신발끈을 조여 맸던 그 결기가
이제 한 송이 꽃으로
가르멜의 꽃밭에 섞였으니
임께서 보시니 어여쁘다 하시리까?

세월은 강물처럼 유유히 흘렀는데
그 세월에
햇볕으로 빗물로
은혜로이 지켜봐 주신 분들께
드릴 것이라고는
두 손 가득 감사뿐이옵니다

세상에서 높이높이 쌓으려고
무리 지어 몰려가는 사람들 사이에서
빈손 맞잡고 돌아서
성모님의 옷자락에 숨기까지
수없이 넘어짐을 일으켜 주신
님의 손길이여

가난한 노래에
그윽이 귀 기울여 주신 님이시여
당신을 따르려 가르멜 산길 오르는
저의 빈 배낭 안에
사랑 하나만 가득 담아 주소서

제단 앞에 밝혀 든 촛불처럼
홀로 뜨겁게 타올라
남김없이 태워져
마침내 님과 합일에 이르게 하소서

꽃이 찾아올 때

제 몸에 비밀처럼
고운 물감을 품고
몸이 근질거렸지만
아직은 때가 아니라
말할 수 없어
나무는 저 혼자서
움찔움찔 몸을 움직였다

그때 알아차렸어야 했다
세상을 정화하기 위해
어둠 속에서
오래 참고 기다린 꽃이
나무의 몸에서
빛이 되어
우리를 곧 찾아올 것임을

부활을 꿈꾸는 이여
꽃의 오랜 죽음의 시간을
꼭 잊지 않겠다며

깊은 포옹으로
맞이하라

목련

오가는 계절도 잊은 채
앞만 보며 걷다가
올려다본 하늘가에
아아
탄성처럼 피어났네
목련은

기쁨으로 솟아오를 날 위해
발돋움했을 인고의 시간
천연스런 몸짓 어디에 감추고
함박웃음으로 반겨 주는가

봄이 고귀한 차림으로
내려와 앉은
목련에 취해서
눈부신 봄날에는
꿈을 가져도 좋으리

제**4**부

고목

이름 없는 풀꽃 하나도
진종일 들여다보고 있으면
만고풍상
그의 역사가 보이는데
하물며 고목에게서야

이름 없는 것들도
살다 간 자리 선명한데
고목이 버틴 역사의 무게를
모른대서야

골이 깊어
숨은 소리 들린다
나도 그 마음 안다는
바람 바람 바람 소리
비바람 눈바람 맞으며
버텨냈다는

죽음이란 친구

그가 먼 곳에 있다고 생각되었을 때는
두렵고 싫었습니다
이제 그를 내 옆에 가까이 두고
친구처럼 생각하니
한결 마음이 편해졌습니다
밤마다 잠들기 전 성무일도 끝기도에
"이 밤을 편히 쉬게 하시고 거룩한 죽음을 맞게 하소서"
하고 기도하니
이제는 그 친구가 정다워집니다
더욱더 친해지면
어느 날 그가 먼 길 떠나자 해도
담담히 따라나서겠습니다

봄눈

철없는 네가
철모르는 네가
하늘하늘 내려오는데
그 몸짓
세상을 건들거리며 가는
철 안 든 사람 같다

집으로 돌아오기만을 기다리는
아버지는 잊은 채
세상 재미에 빠져 있는
탕자 같다

하늘하늘 춤추는 동안에는
세상이 재미있었는데
봄눈은 땅에 닿는 순간
누리던 것 녹아 없어지며
정신이 들었다
아버지의 집이 생각났다

그대여
가진 것 없어졌다고
한탄하지 마라
가진 것 없어져야
아버지 집으로 돌아오는
은총 내려진다.

집

집으로 향해 가는 길은
나풀나풀 한 마리 나비 되어
춤추며 가는 길
가벼운 발걸음이다

집 밖에서 겪은 일
헐렁한 옷에 집어넣고
아픈 다리 뻗을 생각에
서둘러 길 재촉한다

넓고 호화로운 집이든
단칸 셋집이든
내 집에 와서 누우려고
지구 끝에서도
기어이 찾아드는 집
그런 집도 오래 머물 수 없는
여인숙이라는데

이 세상 고단한 삶 마치고
천상 낙원

아버지께서 기다리는 집
찾아갈 때는
얼마나 좋을까
얼마나 행복할까

새 하늘, 새 땅

이 아침에
여기서 다시 시작하자고
나는 새로운 꿈을 꾸네

어제의 죄와 허물, 실수의 얼룩
맑은 물에 깨끗이 씻었으니
지금의 나는 어제의 내가 아니네

그대에게도 이 아침
새 마음의 다짐으로
새 하늘 새 땅이 열렸으리
그럼에도 나는
어제의 그대로 바라보네.

그대의 새로운 탄생을
내가 모르듯이
나의 새로 남을 그대도 모르리니

남은 몰라도 좋네
내 님만 아시는 영역이 늘어날수록

세상이 주는 위로는 적어지리니

맨발로 선 이 아침이
축복으로 다가오네.

좁은 길

임은, 화려하고 재미있는
넓은 길에서
자꾸 좁은 길로 이끄셨다

전지가위 들고
내 인생에 가지치기할 때
내가 아픈 것보다
님이 더 아팠을 거라는
깨달음의 끝은
님과 내밀히 만나는 골방

골방을 찾아
봉쇄 수도원으로
들어가지 않아도
어느 곳에서도
골방은 만들 수 있었다

님을 만나려면
넓은 길을 버리고
좁은 길로 가야 한다는
깨달음은 은총이었다

교신

사람과 사람 사이에도
길이 있어
꿈길로도 오고 가고
이심전심으로도 오고 간다

그 길은
이승과 저승으로 갈라져도
끊어지지 않아
먼 하늘 끝에서도 교신한다

주님과 나 사이에도
길이 있어
영혼 안에서 오고 간다

말하지 않아도
서로의 마음을 알게 되는
극진한 사랑이여!

가없는 사랑을 알았으니
그 사랑 하나 믿고
바람 부는 세상에서
빛을 향해 걸어가리라

눈빛 깊어지는…

나이 들면서
눈빛 깊어지는 사람
늘어났으면……

작은 일에도 출렁거리며
핏발 세운 어두웠던 눈빛
살아온 세월 고스란히 담겼거늘

이제는 인생의 가을
어른은 그냥 되지 않는 것이니
남들을 겨냥했던 손가락 내리고
나약해서 죄로 기운 이웃 안에서
내 모습도 보며
측은히 여기며

우주 만물과 생명들을 위해서
기도한다면
기도는 우리의 눈빛을
깊어지게 할 것이니

혹여 그 눈빛
나를 닮았다 하시며
함께 가는 우리들 다 함께
천국 호적에 이름 올려 주신다면
이보다 더 바랄 것 없겠네

기도가 되는 것을…

기도상 앞에 앉으려고
집안일을 대충 해치운다
빨리 성체 앞에 가려고
이웃의 하소연을 지나친다

성전 안
봉헌의 노래가 울려 퍼지는
바로 옆길에는
하느님을 아직 만나지 못한 이들이
세상의 헛것을 찾아
분주하게 오고 간다

기도상 앞이나 성체 앞에서
숨어, 위로에 취해 있는 동안
주님께서는 세상 한가운데
날개 찢긴 이들 사이에서
지쳐 가고 있다

일상의 일을 하느님 일처럼
성심껏 하면 기도가 된다

목마르고 아픈 이웃에게
손 내민다면
그 또한 기도가 된다

주어진 하루의 모든 시간
주님과 함께한다면
기도가 되는 것을……

하여, 주님 앞에 머무는 일과
세상 안에서 주님을 만나는 일
그 두 날개로 날아올라야 하는 것을……

무장 해제

내 것만 쌓기 위해
주먹 힘껏 쥐고
찬바람 내며 살아가지만

저녁이 되어
잠든 사람 얼굴은,
온몸은 무장 해제
다 내려놓고 천진난만
불안 없이 평화롭다

소리 없이 들이닥친
죽음도 무장 해제
이제는 아무것도 소용없고
아무것도 가질 수 없어
두려울 것 없는 자유다

깨어 살다가
이 별을 떠나는 날에는
빛의 세계가 마중 나오리라

그날이 올 때까지
이기심의 무장은 해제하고
사랑으로 자유를 누리리라

이전과 이후의 세상

수채화 안에서
세상은 서서히
수묵화 세계로 건너가고 있다

수묵화는 침묵이고 여백이요
드러나지 않는 것의 무게이다

현란한 치장의 만남보다
마음으로 만나고
마음으로 쓰다듬는 법을
배워야 하리

저 높은 것도 낮은 것도
내 안으로 불러들여야
제멋대로 님을 가둔 틀을 깨고

병마로 허물어지는 지구촌 안에
안 계시는 것 같은
님의 부재의 괴로움에서
벗어나게 되리

어느 시대에도
제물로 바쳐지는
죄 없는 어린양들이 있었음을
죄인인 저희들이
눈물로 무릎 꿇어야 하리

님의 뜻을 찾아서

님의 말씀 쪽으로 따라가다가
날개가 무거워 지쳐 갈 때
어느 한적한 수도원

그곳에서의 기도와 보속의 무게는 모른 채
그 담에 기대어
이름 없이, 보아 주는 이 없이
살고 싶다는 생각을 한 적이 있었네

생각하지 못한 재앙이 세상을 덮치고
전염병 감염이 무서워
집으로 숨어들어 빗장을 걸어 잠그니
홀로 사는 집은 스스로 봉쇄되었네

오손도손 살아가던 평범한 일상은
갑자기 사라져
얼굴을 제대로 드러내지 못하고
서로 가까이할 수도 없어
먼 바다의 외딴섬이 되어 가며

이제야 절절한 마음으로
예전 박해 시대
신분도, 집도 버리고
깊은 산골로 숨어 도망 다니던
순교자들을 생각했네

봉쇄 수도원을 만들라 하십니까
천지간에 님과 단둘이만 있는 것처럼
살라 하십니까
님의 아득한 깊이를 아직 모르는
저희를 굽어보소서

겨울이 가면 봄이 오듯이

평범한 일상을 잃어버린
고단한 세상에
아직 봄맞이 준비가 안 되었어도
어김없이 봄은 코밑까지 와 있네요

마스크의 복면이 풀리지 않았다고
봄 마중을 못할 건 없겠지요

다시 한 번 무상으로 주시는
황홀한 산천초목
순수의 눈빛으로 돌아가
소음으로 가득한 세상 시름은 잊고
반갑게 맞아야 도리겠지요

그러다 보면 하늘로 향한
장밋빛 새벽 열리고
굳게 닫혔던 우리가 가야 할 길
사랑의 열쇠로 열리게 되겠지요

언젠가는 세상에 가득한
안개 걷히는 날
겨울이 가면 봄이 오듯이 오겠지요

이정미 시집
산길
© 이정미, 2021

초판 1쇄 발행 2021년 4월 15일

지은이 이정미
펴낸이 이은재
펴낸곳 도서출판 그루

출판등록 1983. 3. 26(제1-61호)
06121 서울특별시 강남구 봉은사로 129, 1210호
42452 대구광역시 남구 큰골 3길 30
TEL 02-358-1161, 053-253-7872 / FAX 053-257-7884
E-mail / guroo@guroo.co.kr

값12,000원
ISBN 978-89-8069-445-7

* 이 책의 판권은 지은이와 도서출판 그루에 있습니다.
  양측의 서면 동의 없는 무단 전재 및 복제를 금합니다.